Mein Haushaltsbuch

Name : _____

von : _____

bis : _____

Feste Einnahmen und Ausgaben im Monat

Einnahmen	Januar	Februar	März	April	Mai	Juni
Gehalt Max	1800	1800				
Gehalt Anna	1800	1800				
Dividenden	12	8				
Gesamt	3612	3608				

Ausgaben	Januar	Februar	März	April	Mai	Juni
Miete	1100	1100				
Versicherungen	390	390				
Lebensmittel	280	320				
Tanken	175	175				
Gesamt	1945	1985				

Übrig	1667	1623				

Monat / Woche : September / 36

Datum	Was wurde bezahlt	Wer hat was / wieviel bezahlt	
		Max	Anna
03.09	Einkauf bei Penny	46,50	
06.09	Mittagessen		52,45
17.09	Einkauf bei Rewe		66,70
23.09	Friseur	15,50	
26.09	Autowäsche	12,50	
28.09	Pizza besellt		16,80
	Gesamtbetrag:	74,50	135,95

Beispiel 2

Feste Einnahmen und Ausgaben im Monat

Einnahmen	Januar	Februar	März	April	Mai	Juni
Gesamt						

Ausgaben	Januar	Februar	März	April	Mai	Juni
Gesamt						

Übrig						

Feste Einnahmen und Ausgaben im Monat

Einnahmen	Juli	August	September	Oktober	November	Dezember
Gesamt						

Ausgaben	Juli	August	September	Oktober	November	Dezember
Gesamt						
Übrig						

Feste Einnahmen und Ausgaben im Monat

Einnahmen	Januar	Februar	März	April	Mai	Juni
Gesamt						

Ausgaben	Januar	Februar	März	April	Mai	Juni
Gesamt						

Übrig						

Feste Einnahmen und Ausgaben im Monat

Einnahmen	Juli	August	September	Oktober	November	Dezember
Gesamt						

Ausgaben	Juli	August	September	Oktober	November	Dezember
Gesamt						
Übrig						

Monat / Woche : _____

Datum	Was wurde bezahlt	Wer hat was / wieviel bezahlt _____ _____	
Gesamtbetrag:			

Monat / Woche : _____

Datum	Was wurde bezahlt	Wer hat was / wieviel bezahlt _____ _____	
	Gesamtbetrag:		

Monat / Woche : _____

Datum	Was wurde bezahlt	Wer hat was / wieviel bezahlt _____ _____	
	Gesamtbetrag:		

Monat / Woche : _____

Datum	Was wurde bezahlt	Wer hat was / wieviel bezahlt _____ _____	
	Gesamtbetrag:		

Monat / Woche : _____

Datum	Was wurde bezahlt	Wer hat was / wieviel bezahlt _____ _____	
	Gesamtbetrag:		

Monat / Woche : _____

Datum	Was wurde bezahlt	Wer hat was / wieviel bezahlt _____ _____	
	Gesamtbetrag:		

Monat / Woche : _____

Datum	Was wurde bezahlt	Wer hat was / wieviel bezahlt _____ _____	
	Gesamtbetrag:		

Monat / Woche : _____

Datum	Was wurde bezahlt	Wer hat was / wieviel bezahlt _____ _____
	Gesamtbetrag:		

Monat / Woche : _____

Datum	Was wurde bezahlt	Wer hat was / wieviel bezahlt _____ _____	
	Gesamtbetrag:		

Monat / Woche : _____

Datum	Was wurde bezahlt	Wer hat was / wieviel bezahlt _____ _____	
	Gesamtbetrag:		

Monat / Woche : _____

Datum	Was wurde bezahlt	Wer hat was / wieviel bezahlt _____ _____	
Gesamtbetrag:			

Monat / Woche : _____

Datum	Was wurde bezahlt	Wer hat was / wieviel bezahlt _____ _____	
	Gesamtbetrag:		

Monat / Woche : _____

Datum	Was wurde bezahlt	Wer hat was / wieviel bezahlt _____ _____	
	Gesamtbetrag:		

Monat / Woche : _____

Datum	Was wurde bezahlt	Wer hat was / wieviel bezahlt _____ _____	
	Gesamtbetrag:		

Monat / Woche : _____

Datum	Was wurde bezahlt	Wer hat was / wieviel bezahlt _____ _____	
Gesamtbetrag:			

Monat / Woche : _____

Datum	Was wurde bezahlt	Wer hat was / wieviel bezahlt _____ _____	
	Gesamtbetrag:		

Monat / Woche : _____

Datum	Was wurde bezahlt	Wer hat was / wieviel bezahlt _____ _____	
Gesamtbetrag:			

Monat / Woche : _____

Datum	Was wurde bezahlt	Wer hat was / wieviel bezahlt _____ _____	
	Gesamtbetrag:		

Monat / Woche : _____

Datum	Was wurde bezahlt	Wer hat was / wieviel bezahlt _____ _____	
Gesamtbetrag:			

Monat / Woche : _____

Datum	Was wurde bezahlt	Wer hat was / wieviel bezahlt	
		_____	_____
	Gesamtbetrag:		

Monat / Woche : _____

Datum	Was wurde bezahlt	Wer hat was / wieviel bezahlt _____ _____	
Gesamtbetrag:			

Monat / Woche : _____

Datum	Was wurde bezahlt	Wer hat was / wieviel bezahlt _____ _____	
	Gesamtbetrag:		

Monat / Woche : _____

Datum	Was wurde bezahlt	Wer hat was / wieviel bezahlt _____ _____	
Gesamtbetrag:			

Monat / Woche : _____

Datum	Was wurde bezahlt	Wer hat was / wieviel bezahlt _____ _____	
	Gesamtbetrag:		

Monat / Woche : _____

Datum	Was wurde bezahlt	Wer hat was / wieviel bezahlt _____ _____	
Gesamtbetrag:			

Monat / Woche : _____

Datum	Was wurde bezahlt	Wer hat was / wieviel bezahlt _____ _____	
	Gesamtbetrag:		

Monat / Woche : _____

Datum	Was wurde bezahlt	Wer hat was / wieviel bezahlt _____ _____	
Gesamtbetrag:			

Monat / Woche : _____

Datum	Was wurde bezahlt	Wer hat was / wieviel bezahlt	
		_____	_____
	Gesamtbetrag:		

Monat / Woche : _____

Datum	Was wurde bezahlt	Wer hat was / wieviel bezahlt _____ _____	
	Gesamtbetrag:		

Monat / Woche : _____

Datum	Was wurde bezahlt	Wer hat was / wieviel bezahlt	
		_____	_____
	Gesamtbetrag:		

Monat / Woche : _____

Datum	Was wurde bezahlt	Wer hat was / wieviel bezahlt _____	_____
	Gesamtbetrag:		

Monat / Woche : _____

Datum	Was wurde bezahlt	Wer hat was / wieviel bezahlt _____ _____	
	Gesamtbetrag:		

Monat / Woche : _____

Datum	Was wurde bezahlt	Wer hat was / wieviel bezahlt _____ _____	
	Gesamtbetrag:		

Monat / Woche : _____

Datum	Was wurde bezahlt	Wer hat was / wieviel bezahlt _____ _____	
	Gesamtbetrag:		

Monat / Woche : _____

Datum	Was wurde bezahlt	Wer hat was / wieviel bezahlt _____ _____	
	Gesamtbetrag:		

Monat / Woche : _____

Datum	Was wurde bezahlt	Wer hat was / wieviel bezahlt _____ _____	
	Gesamtbetrag:		

Monat / Woche : _____

Datum	Was wurde bezahlt	Wer hat was / wieviel bezahlt _____ _____	
	Gesamtbetrag:		

Monat / Woche : _____

Datum	Was wurde bezahlt	Wer hat was / wieviel bezahlt	
	Gesamtbetrag:		

Monat / Woche : _____

Datum	Was wurde bezahlt	Wer hat was / wieviel bezahlt _____ _____	
	Gesamtbetrag:		

Monat / Woche : _____

Datum	Was wurde bezahlt	Wer hat was / wieviel bezahlt _____ _____	
	Gesamtbetrag:		

Monat / Woche : _____

Datum	Was wurde bezahlt	Wer hat was / wieviel bezahlt _____ _____	
	Gesamtbetrag:		

Monat / Woche : _____

Datum	Was wurde bezahlt	Wer hat was / wieviel bezahlt _____ _____	
Gesamtbetrag:			

Monat / Woche : _____

Datum	Was wurde bezahlt	Wer hat was / wieviel bezahlt _____ _____	
	Gesamtbetrag:		

Monat / Woche : _____

Datum	Was wurde bezahlt	Wer hat was / wieviel bezahlt _____ _____	
	Gesamtbetrag:		

Monat / Woche : _____

Datum	Was wurde bezahlt	Wer hat was / wieviel bezahlt _____ _____	
Gesamtbetrag:			

Monat / Woche : _____

Datum	Was wurde bezahlt	Wer hat was / wieviel bezahlt _____ _____	
	Gesamtbetrag:		

Monat / Woche : _____

Datum	Was wurde bezahlt	Wer hat was / wieviel bezahlt _____ _____	
	Gesamtbetrag:		

Monat / Woche : _____

Datum	Was wurde bezahlt	Wer hat was / wieviel bezahlt _____ _____	
	Gesamtbetrag:		

Monat / Woche : _____

Datum	Was wurde bezahlt	Wer hat was / wieviel bezahlt _____ _____	
	Gesamtbetrag:		

Monat / Woche : _____

Datum	Was wurde bezahlt	Wer hat was / wieviel bezahlt _____ _____	
	Gesamtbetrag:		

Monat / Woche : _____

Datum	Was wurde bezahlt	Wer hat was / wieviel bezahlt _____ _____	
Gesamtbetrag:			

Monat / Woche : _____

Datum	Was wurde bezahlt	Wer hat was / wieviel bezahlt _____ _____	
	Gesamtbetrag:		

Monat / Woche : _____

Datum	Was wurde bezahlt	Wer hat was / wieviel bezahlt _____ _____	
Gesamtbetrag:			

Monat / Woche : _____

Datum	Was wurde bezahlt	Wer hat was / wieviel bezahlt	
		_____	_____
Gesamtbetrag:			

Monat / Woche : _____

Datum	Was wurde bezahlt	Wer hat was / wieviel bezahlt _____ _____	
	Gesamtbetrag:		

Monat / Woche : _____

Datum	Was wurde bezahlt	Wer hat was / wieviel bezahlt _____ _____	
	Gesamtbetrag:		

Monat / Woche : _____

Datum	Was wurde bezahlt	Wer hat was / wieviel bezahlt _____ _____	
	Gesamtbetrag:		

Monat / Woche : _____

Datum	Was wurde bezahlt	Wer hat was / wieviel bezahlt _____ _____	
	Gesamtbetrag:		

Monat / Woche : _____

Datum	Was wurde bezahlt	Wer hat was / wieviel bezahlt _____ _____	
Gesamtbetrag:			

Monat / Woche : _____

Datum	Was wurde bezahlt	Wer hat was / wieviel bezahlt _____ _____	
	Gesamtbetrag:		

Monat / Woche : _____

Datum	Was wurde bezahlt	Wer hat was / wieviel bezahlt _____ _____	
	Gesamtbetrag:		

Monat / Woche : _____

Datum	Was wurde bezahlt	Wer hat was / wieviel bezahlt _____ _____	
Gesamtbetrag:			

Monat / Woche : _____

Datum	Was wurde bezahlt	Wer hat was / wieviel bezahlt _____ _____	
	Gesamtbetrag:		

Monat / Woche : _____

Datum	Was wurde bezahlt	Wer hat was / wieviel bezahlt _____ _____	
	Gesamtbetrag:		

Monat / Woche : _____

Datum	Was wurde bezahlt	Wer hat was / wieviel bezahlt _____ _____	
	Gesamtbetrag:		

Monat / Woche : _____

Datum	Was wurde bezahlt	Wer hat was / wieviel bezahlt _____ _____	
	Gesamtbetrag:		

Monat / Woche : _____

Datum	Was wurde bezahlt	Wer hat was / wieviel bezahlt	
		_____	_____
	Gesamtbetrag:		

Monat / Woche : _____

Datum	Was wurde bezahlt	Wer hat was / wieviel bezahlt _____ _____	
	Gesamtbetrag:		

Monat / Woche : _____

Datum	Was wurde bezahlt	Wer hat was / wieviel bezahlt _____ _____	
	Gesamtbetrag:		

Monat / Woche : _____

Datum	Was wurde bezahlt	Wer hat was / wieviel bezahlt _____ _____	
	Gesamtbetrag:		

Monat / Woche : _____

Datum	Was wurde bezahlt	Wer hat was / wieviel bezahlt	
		_____	_____
	Gesamtbetrag:		

Monat / Woche : _____

Datum	Was wurde bezahlt	Wer hat was / wieviel bezahlt _____ _____	
	Gesamtbetrag:		

Monat / Woche : _____

Datum	Was wurde bezahlt	Wer hat was / wieviel bezahlt _____ _____	
	Gesamtbetrag:		

Monat / Woche : _____

Datum	Was wurde bezahlt	Wer hat was / wieviel bezahlt _____ _____	
	Gesamtbetrag:		

Monat / Woche : _____

Datum	Was wurde bezahlt	Wer hat was / wieviel bezahlt _____ _____	
	Gesamtbetrag:		

Monat / Woche : _____

Datum	Was wurde bezahlt	Wer hat was / wieviel bezahlt _____ _____	
	Gesamtbetrag:		

Monat / Woche : _____

Datum	Was wurde bezahlt	Wer hat was / wieviel bezahlt _____ _____	
Gesamtbetrag:			

Monat / Woche : _____

Datum	Was wurde bezahlt	Wer hat was / wieviel bezahlt _____ _____	
	Gesamtbetrag:		

Monat / Woche : _____

Datum	Was wurde bezahlt	Wer hat was / wieviel bezahlt _____ _____	
	Gesamtbetrag:		

Monat / Woche : _____

Datum	Was wurde bezahlt	Wer hat was / wieviel bezahlt _____ _____	
	Gesamtbetrag:		

Monat / Woche : _____

Datum	Was wurde bezahlt	Wer hat was / wieviel bezahlt _____ _____	
	Gesamtbetrag:		

Monat / Woche : _____

Datum	Was wurde bezahlt	Wer hat was / wieviel bezahlt _____ _____	
	Gesamtbetrag:		

Monat / Woche : _____

Datum	Was wurde bezahlt	Wer hat was / wieviel bezahlt _____ _____		
	Gesamtbetrag:		

Monat / Woche : _____

Datum	Was wurde bezahlt	Wer hat was / wieviel bezahlt _____ _____	
	Gesamtbetrag:		

Monat / Woche : _____

Datum	Was wurde bezahlt	Wer hat was / wieviel bezahlt _____ _____	
	Gesamtbetrag:		

Monat / Woche : _____

Datum	Was wurde bezahlt	Wer hat was / wieviel bezahlt _____ _____	
Gesamtbetrag:			

Monat / Woche : _____

Datum	Was wurde bezahlt	Wer hat was / wieviel bezahlt _____ _____	
	Gesamtbetrag:		

Monat / Woche : _____

Datum	Was wurde bezahlt	Wer hat was / wieviel bezahlt _____ _____	
	Gesamtbetrag:		

Monat / Woche : _____

Datum	Was wurde bezahlt	Wer hat was / wieviel bezahlt _____ _____	
	Gesamtbetrag:		

Monat / Woche : _____

Datum	Was wurde bezahlt	Wer hat was / wieviel bezahlt _____ _____	
Gesamtbetrag:			

Monat / Woche : _____

Datum	Was wurde bezahlt	Wer hat was / wieviel bezahlt _____ _____	
	Gesamtbetrag:		

Monat / Woche : _____

Datum	Was wurde bezahlt	Wer hat was / wieviel bezahlt _____ _____	
	Gesamtbetrag:		

Monat / Woche : _____

Datum	Was wurde bezahlt	Wer hat was / wieviel bezahlt _____ _____	
	Gesamtbetrag:		

Monat / Woche : _____

Datum	Was wurde bezahlt	Wer hat was / wieviel bezahlt _____ _____	
	Gesamtbetrag:		

Monat / Woche : _____

Datum	Was wurde bezahlt	Wer hat was / wieviel bezahlt _____ _____	
	Gesamtbetrag:		

Monat / Woche : _____

Datum	Was wurde bezahlt	Wer hat was / wieviel bezahlt _____ _____	
	Gesamtbetrag:		

Monat / Woche : _____

Datum	Was wurde bezahlt	Wer hat was / wieviel bezahlt _____ _____	
	Gesamtbetrag:		

Monat / Woche : _____

Datum	Was wurde bezahlt	Wer hat was / wieviel bezahlt _____ _____		
Gesamtbetrag:			

Monat / Woche : _____

Datum	Was wurde bezahlt	Wer hat was / wieviel bezahlt _____ _____	
	Gesamtbetrag:		

Monat / Woche : _____

Datum	Was wurde bezahlt	Wer hat was / wieviel bezahlt _____ _____	
	Gesamtbetrag:		

Monat / Woche : _____

Datum	Was wurde bezahlt	Wer hat was / wieviel bezahlt _____ _____	
Gesamtbetrag:			

Monat / Woche : _____

Datum	Was wurde bezahlt	Wer hat was / wieviel bezahlt _____ _____	
	Gesamtbetrag:		

Monat / Woche : _____

Datum	Was wurde bezahlt	Wer hat was / wieviel bezahlt _____ _____	
	Gesamtbetrag:		

Monat / Woche : _____

Datum	Was wurde bezahlt	Wer hat was / wieviel bezahlt _____ _____	
	Gesamtbetrag:		

Monat / Woche : _____

Datum	Was wurde bezahlt	Wer hat was / wieviel bezahlt _____ _____	
	Gesamtbetrag:		

Monat / Woche : _____

Datum	Was wurde bezahlt	Wer hat was / wieviel bezahlt _____ _____		
Gesamtbetrag:			

Monat / Woche : _____

Datum	Was wurde bezahlt	Wer hat was / wieviel bezahlt	
		_____	_____
	Gesamtbetrag:		

Monat / Woche : _____

Datum	Was wurde bezahlt	Wer hat was / wieviel bezahlt _____ _____	
	Gesamtbetrag:		

www.ingramcontent.com/pod-product-compliance
Lightning Source LLC
Chambersburg PA
CBHW082017230526
45466CB00022B/2396